Reichtum & Zufriedenheit

Positive Gedanken
für ein Leben in
finanzieller Freiheit
und Zufriedenheit

Zitate von Wolfram Andes

ISBN 3-939022-00-4

1. Auflage
Schnellbach, im Oktober 2005

© Copyright und Urheberrecht
Alle Rechte vorbehalten

**Fachverlag für persönliches Wachstum
Wolfram Andes**

Alle Zitate stammen aus Schriften, Vorträgen
und Seminaren von Wolfram Andes.
Es handelt sich durchweg - nach bestem Wissen
und Gewissen - um seine eigenen Wortschöpfungen.
Das Bildmaterial besteht aus eigenen Photos sowie
erworbenen und lizenzfreien Bildern.

Inhaltsverzeichnis

Reichtum
Leben
Liebe
Gesundheit
Ziele
Sehnsucht
Wege
Kreativität
Kommunikation
Gemeinschaft
Führung
Werte
Perfektionismus
Eigenverantwortung
Gelassenheit
Gleichgewicht
Lebensfreude
Innere Ruhe
Authentizität
Selbstbewusstsein
Erfüllung
Zufriedenheit

Über den Autor

Geld ist nur dann etwas wert,
wenn es dazu führt,
ein glücklicheres und zufriedeneres
Leben zu führen.

Zitate von Wolfram Andes
Lebens- und Wirtschaftsphilosoph

Reichtum

Wer es versteht,
Freude in Geld zu
verwandeln und
Geld in Freude,
lebt glücklich und erfüllt.

Liebe

*einfach nur lieben -
statt geliebt werden zu wollen*

*einfach nur geben -
statt haben zu wollen*

*einfach nur sein -
statt irgendetwas sein zu wollen*

*...und alles kommt zu Dir,
was Dich erfüllt!*

Gesundheit

Unsere Gesundheit ist die Grundlage für ein glückliches, erfolgreiches und erfülltes Leben.

Ziele geben unserem Leben einen Sinn und eine Richtung.

SEHNSUCHT

DU WIRST IN DEM AUGENBLICK
ALLES BEKOMMEN, IN DEM DU
GANZ UND GAR DANACH VERLANGST –
DENN GANZ UND GAR ERSEHNEN
HEISST ERSCHAFFEN.

Wege

**Wenn du weißt,
was du wirklich willst,
gibt es immer einen Weg.**

Kreativität

Eine gute IDEE
kann mehr bringen,
als viele Jahre harte Arbeit.

Kommunikation

Die Art unserer Kommunikation bestimmt unseren Erfolg und unsere Lebensqualität.

Gemeinschaft

Ein Team
 von Menschen,
  die ein gemeinsames
  Ziel verfolgen,
  kann die Welt
  verändern.

Führung heißt, einen anderen so anzusehen, als sei er schon weit über das hinausgegangen, was er bisher tatsächlich erreicht hat.

Werte

*Werte helfen uns dabei,
unseren Weg menschlich,
fair und respektvoll zu gestalten
- zum langfristigen Wohle aller.*

Perfektionismus

Erst wenn wir aufhören,
perfekt sein zu wollen,
werden wir feststellen,
dass wir es bereits sind.

Eigenverantwortung

Jede Veränderung beginnt bei dir selbst.

Gelassenheit

NICHTS
kann dich ärgern,
wenn du
es nicht zulässt.

Gleichgewicht

Das
Gleichgewicht
zwischen Berufs-
und Privatleben
führt zu Gesundheit,
guter Laune und Erfolg.

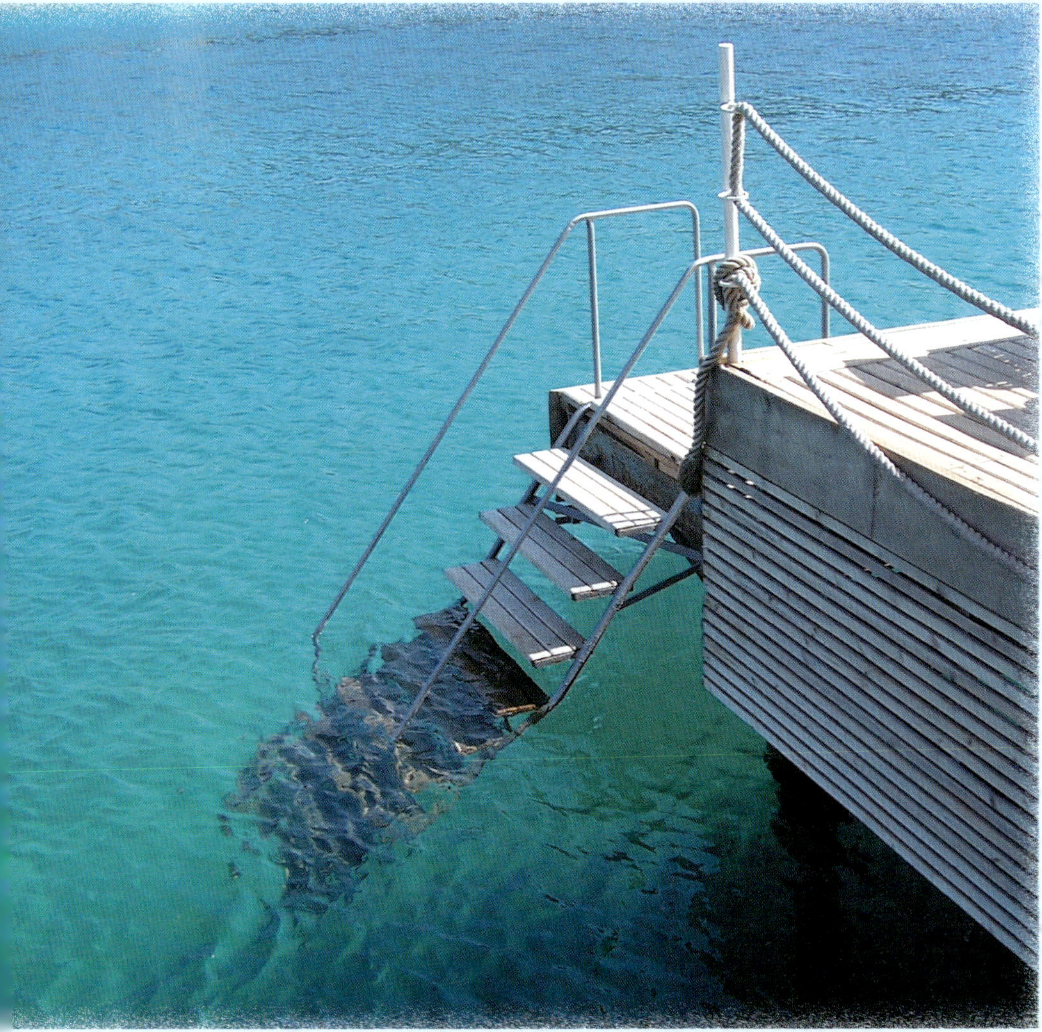

Leb

ensfreude

Letztendlich sehnen sich alle Menschen nach Liebe und Geborgenheit.

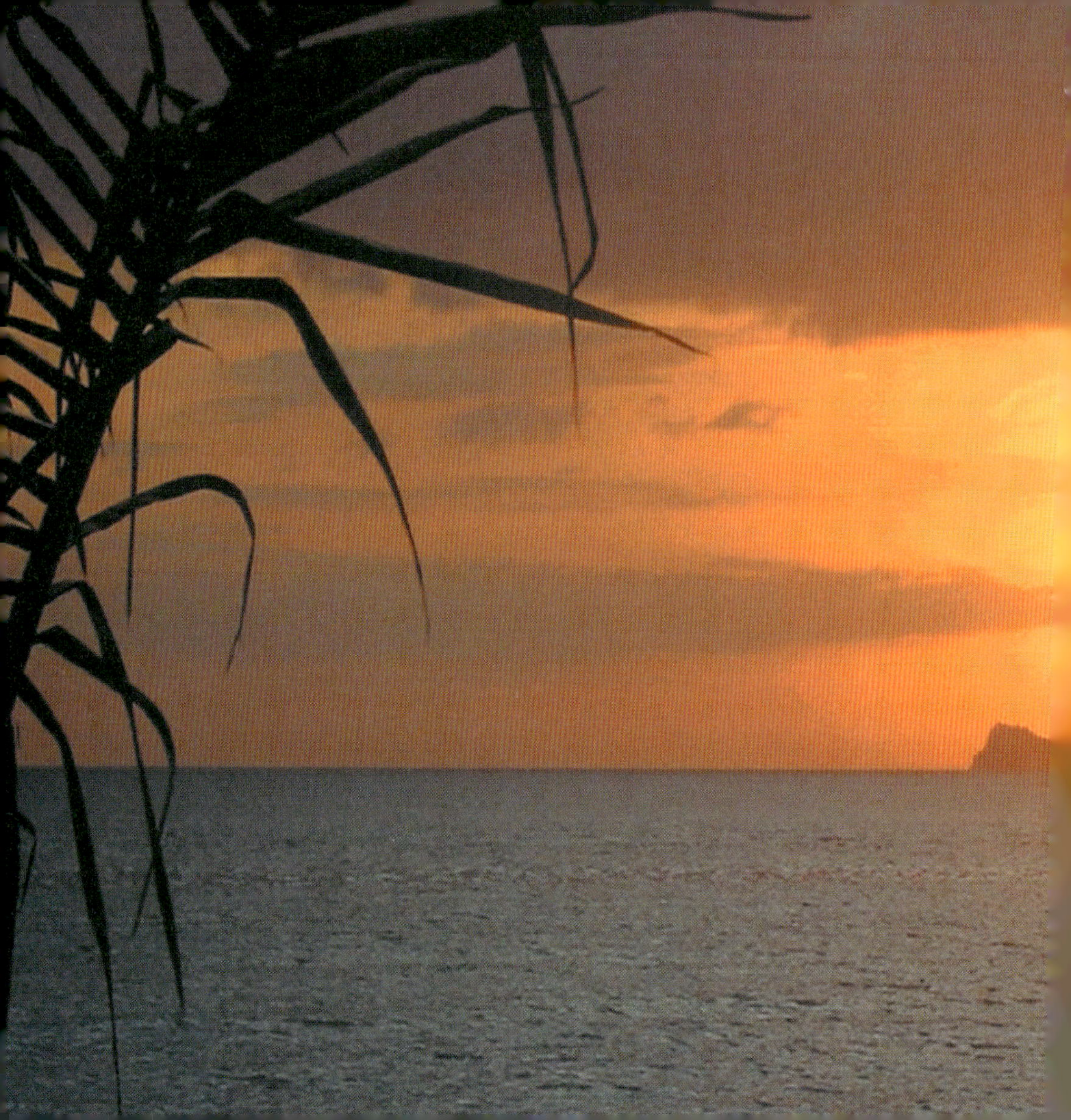

Innere Ruhe

Suche deinen inneren Frieden nicht in äußeren Dingen.

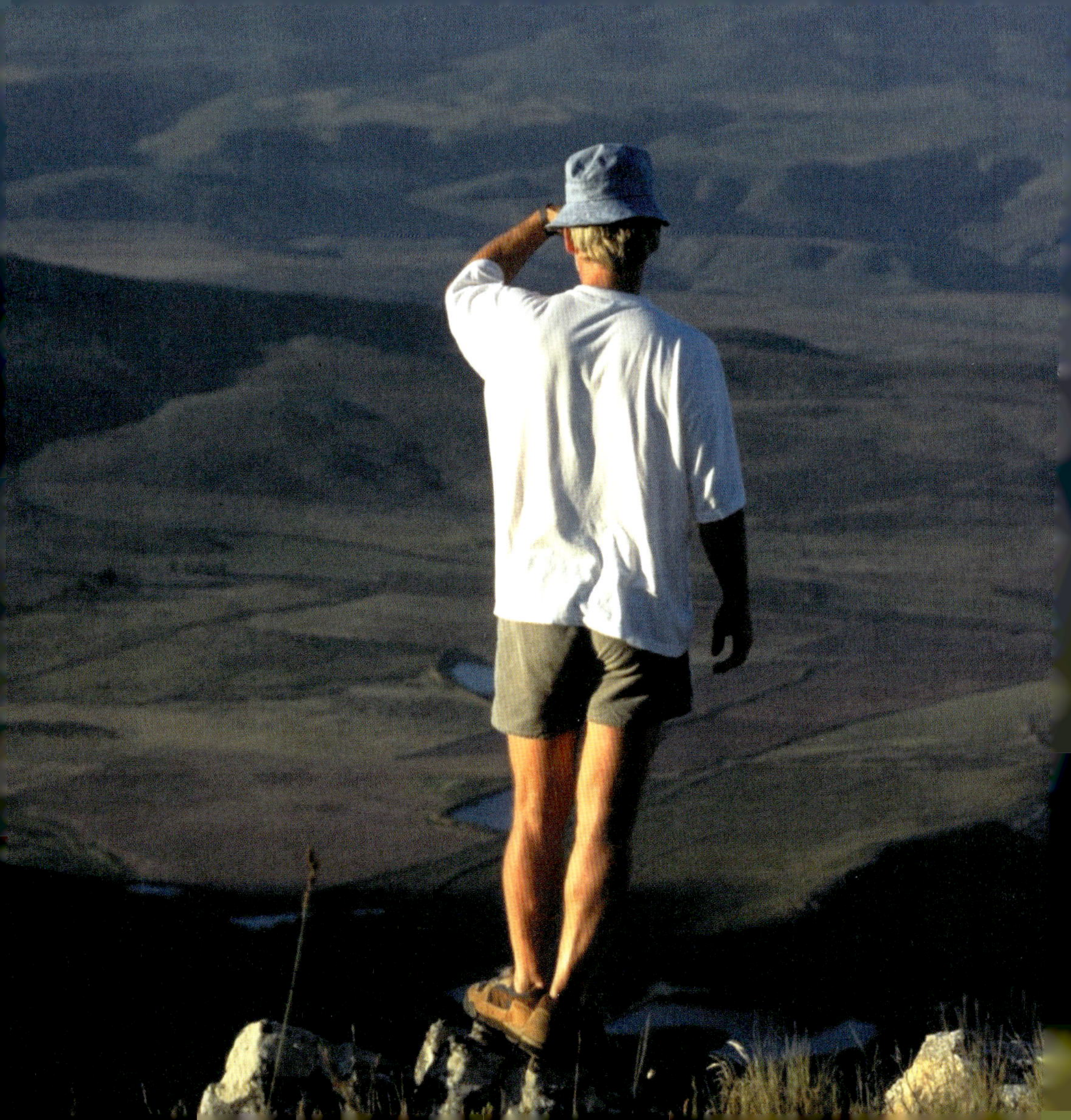

ich bin der,
der ich bin -
nicht mehr,
aber auch
nicht weniger

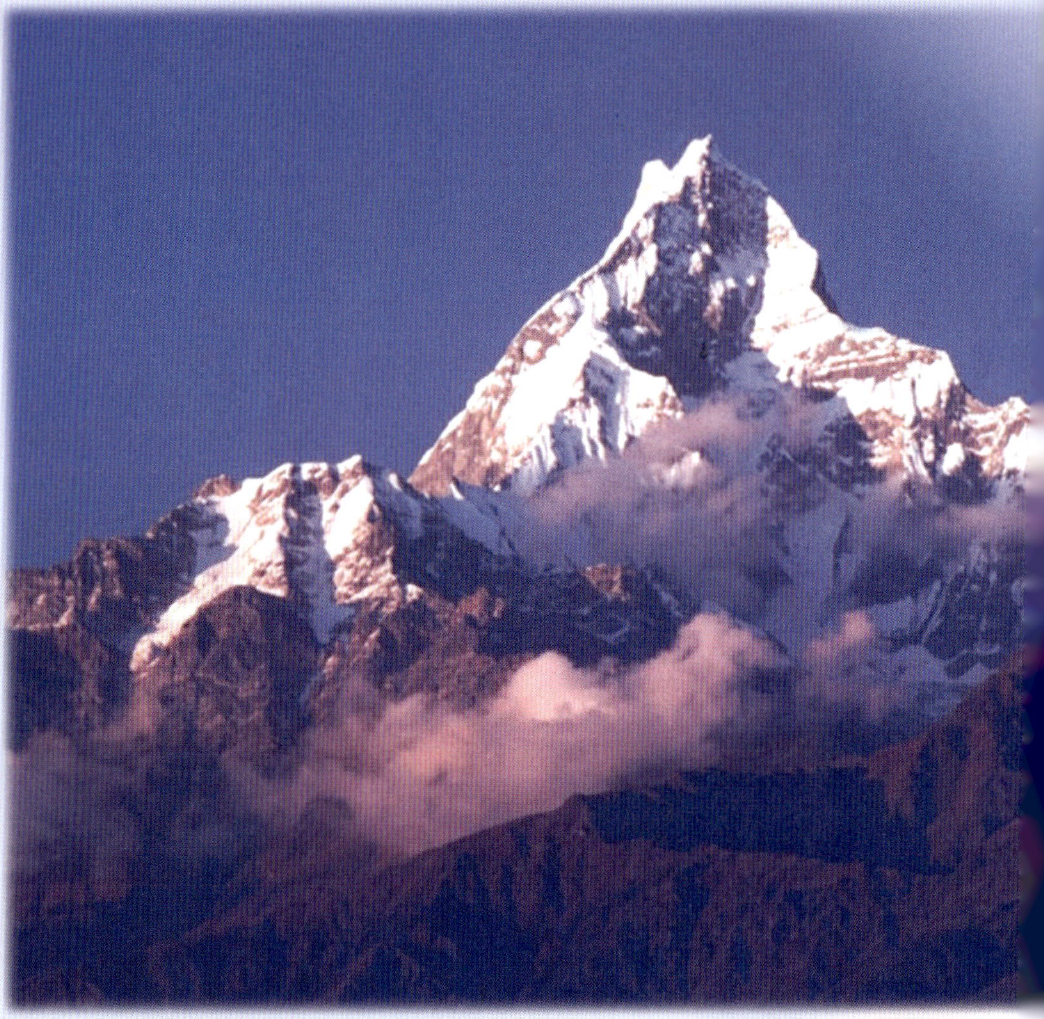

Selbstbewusstsein

Trau' dir was zu !
Wenn nicht du –
wer dann ?

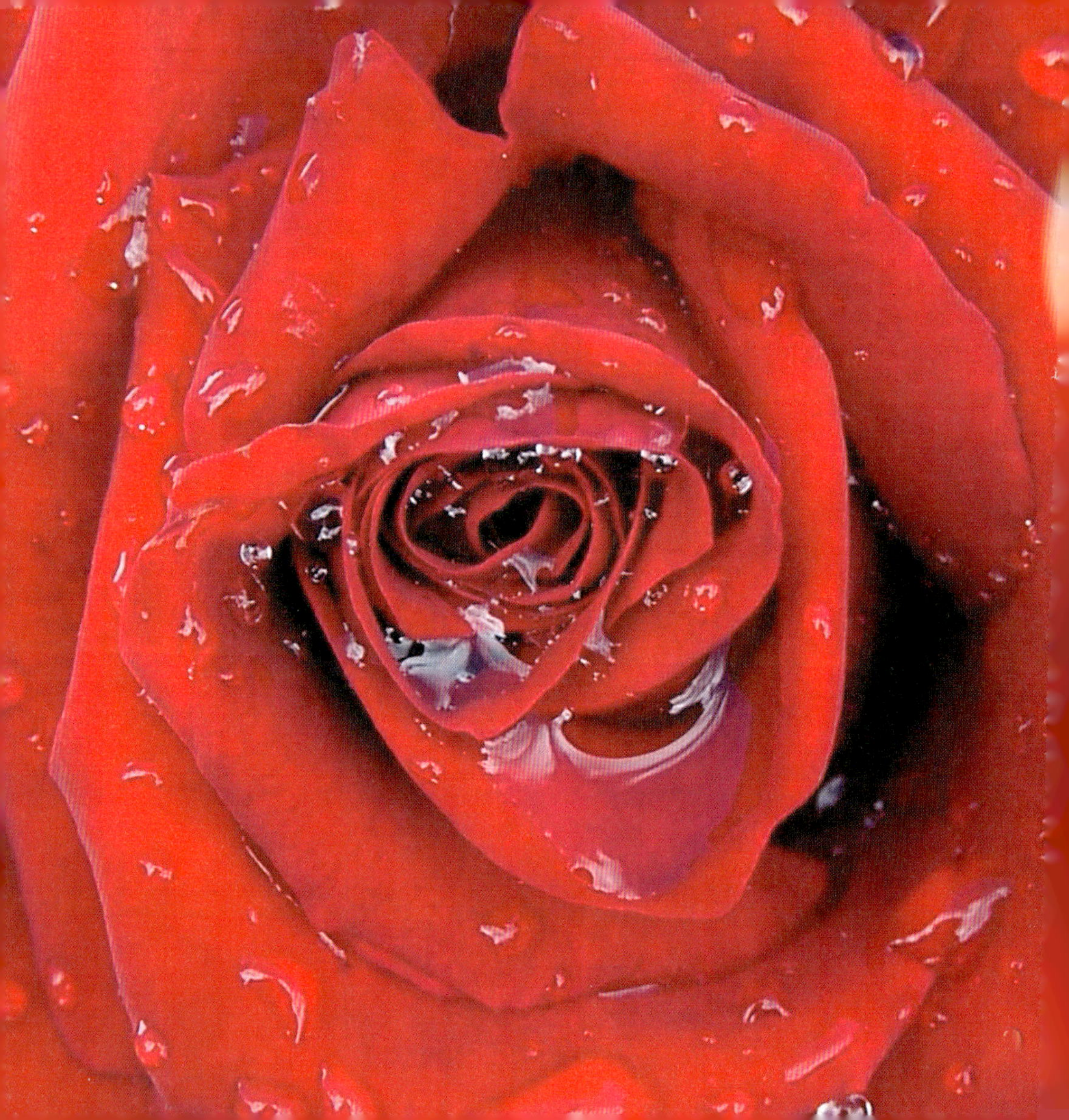

Erfüllung

Alles, wonach du suchst, ist IN DIR.

Du suchst nach Glück? - Es ist in dir.
Du suchst nach Frieden? - Er ist in dir.
Du suchst nach Freiheit - Sie ist in dir.
Du suchst nach Liebe? - Sie ist in dir.
Du suchst nach Zufriedenheit? - Sie ist in dir.
Du suchst nach innerer Ruhe? - Sie ist in dir.
Du suchst nach Erleuchtung? - Sie ist in dir.

ZUFRIEDENHEIT

Die beste Voraussetzung für die
innere Zufriedenheit ist es,
sich selbst, das Leben und
die Menschen zu lieben.

Über den Autor

Wolfram Andes
Lebens- und Wirtschaftsphilosoph

Dipl. Informatiker (FH) Fachrichtung Wirtschaft
gelernter Kaufmann, NLP Practitioner
geb. 1965 in Koblenz am Rhein

Er studierte an der University of Applied Sciences,
Fachhochschule Worms sowie an der
Mastery University von Anthony Robbins
auf Hawaii, in Kalifornien, London und Brüssel.

Er hat viele tausend Menschen beraten und trainiert.
Sein Kundenspektrum reicht von Großunternehmen über
internationale Vertriebsfirmen bis hin zu Universitäten.

Bei ihm steht der Mensch und die Lebensqualität im Vordergrund.
Es gibt zwei wesentliche Dinge, die eine hohe Lebensqualität
gewährleisten: Reichtum und Zufriedenheit.
Seine Zitate zu diesen Themen finden Sie in diesem Buch.